LAS MATEMÁTICAS EN NUESTRO MUNDO

VAMOS A USAR
DATOS DE DIVISIÓN
EN EL JARDÍN

Por Linda Bussell
Consultora de lectura: Susan Nations, M.Ed.,
autora, consultora de alfabetización/consultora de desarrollo de la lectura
Consultora de matemáticas: Rhea Stewart, M.A.,
especialista en recursos curriculares de matemáticas

WEEKLY READER®
PUBLISHING

Please visit our web site at www.garethstevens.com
For a free color catalog describing our list of high-quality books,
call 1-800-542-2595 (USA) or 1-800-387-3178 (Canada). Our fax: 1-877-542-2596

Library of Congress Cataloging-in-Publication Data

Bussell, Linda.
    [Division facts in the garden. Spanish]
    Vamos a usar datos de división en el jardín / por Linda Bussell ; consultora de lectura, Susan Nations ; consultora de matemáticas, Rhea Stewart.
        p. cm. — (Las matemáticas en nuestro mundo. Nivel 3)
    Includes bibliographical references and index.
    ISBN-10: 0-8368-9294-1 — ISBN-13: 978-0-8368-9294-9 (lib. bdg.)
    ISBN-10: 0-8368-9393-X — ISBN-13: 978-0-8368-9393-9 (softcover)
      1. Division—Juvenile literature. 2. Gardening—Juvenile literature. I. Title.
QA115.B9718   2008
513.2'14—dc22   2008016881

This edition first published in 2009 by
Weekly Reader® Books
An Imprint of Gareth Stevens Publishing
1 Reader's Digest Road
Pleasantville, NY 10570-7000 USA

Copyright © 2009 by Gareth Stevens, Inc.

Creative Director: Lisa Donovan
Designer: Amelia Favazza, *Studio Montage*
Copy Editor: Susan Labella
Photo Researcher: Kim Babbitt

Spanish edition produced by A+ Media, Inc.
Editorial Director: Julio Abreu
Chief Translator: Luis Albores
Production Designer: Phillip Gill

Photo Credits: cover, title page: Ariel Skelley/Jupiter Images; pp. 4, 5, 7, 13, 19, 20: Hemera Technologies; pp. 9, 11, 17: Photodisc, all other photographs by Gregg Andersen

All rights reserved. No part of this book may be reproduced, stored in a retrieval system, or transmitted in any form or by any means, electronic, mechanical, photocopying, recording, or otherwise, without the prior written permission of the copyright holder.

Printed in the United States

Contenido

Capítulo 1: ¡Primero la cerca! 4

Capítulo 2: Cómo dividir un jardín..............................7

Capítulo 3: ¡Todo en un poste! 14

Capítulo 4: Tiempo de cosechar 20

¿Qué aprendiste? 22

Glosario 23

Índice 24

Las palabras que aparecen en el glosario están impresas en **negritas** la primera vez que se usan en el texto.

Capítulo 1

¡Primero la cerca!

El club de jardinería de la escuela Lewis está planeando un jardín. Van a sembrar vegetales. Hay 27 estudiantes en el club. Se deciden **dividir** en tres grupos. Cada grupo tendrá una tarea.

El primer grupo planea el jardín. El segundo grupo preparará los plantones que plantarán más tarde. El tercer grupo planea y construye una cerca alrededor del jardín. La cerca evitará que los animales se coman las plantas. La cerca debe construirse primero. Después, los alumnos plantarán el jardín.

El grupo que va a planear la cerca se reúne con la señorita Roberts. Ella es una maestra. Trabaja con el club de jardinería. Los estudiantes platican sobre lo que tienen que hacer.

"Debemos planear la cerca", dice Hannah. "Primero, tenemos que medir el exterior del jardín. Esto nos dirá de cuántos pies tiene que ser la cerca".

Danny dice: "Sí. Después podemos calcular cuánta **madera** necesitamos".

"Así es", dice la señorita Roberts.

PARA HACER
- Medir la distancia alrededor del jardín.
- Calcular cuánta madera se necesita.
- Comprar madera y materiales.
- Construir la cerca.

Después de clases, el padre de Danny lo lleva a la tienda de artículos para el hogar. Hannah los acompaña. Quieren encontrar la madera que necesitan.

Las cercas de madera están hechas de **postes**, **rieles** y **tablillas**. Los postes son maderos gruesos. Se clavan en la tierra. Son el soporte de la cerca. Los rieles se unen a los postes. Los rieles soportan las tablillas o estacas. Las tablillas se unen a los rieles.

Hannah encuentra un catálogo. Tiene fotos. Encuentra postes, rieles y tablillas. Se lo puede mostrar a los otros estudiantes.

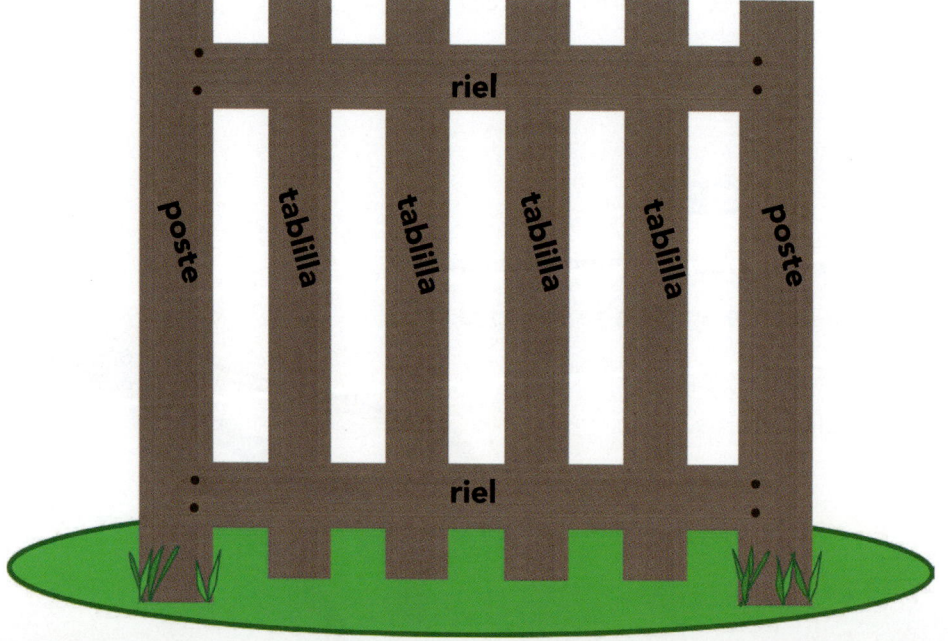

Capítulo 2

Cómo dividir un jardín

Al día siguiente, el club se reúne. Miden la distancia alrededor de la orilla del jardín. Tiene forma de rectángulo.

Los estudiantes usan una cinta de medir. Trabajan con cuidado. Quieren una medida precisa.

La señorita Roberts les recuerda que hagan su trabajo con cuidado. Miden de nuevo la distancia alrededor del jardín. Mide 88 pies (2.5 metros) las dos veces.

"Buen trabajo", dice la señorita Roberts.

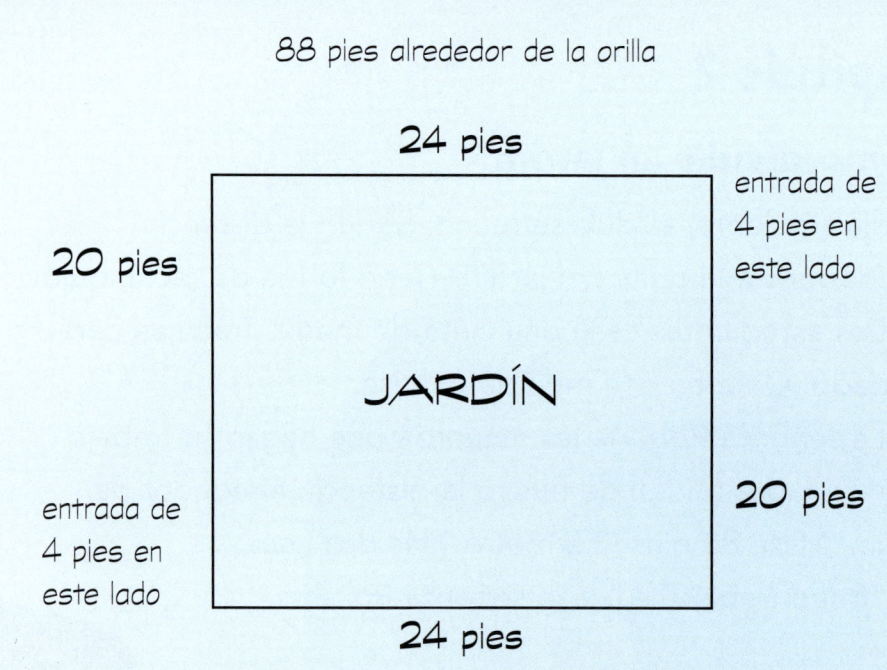

Los lados largos del jardín son de 24 pies. Los lados cortos son de 20 pies. Habrá una entrada en cada lado corto. Cada entrada será de 4 pies de ancho. Los estudiantes hacen un dibujo del jardín.

Danny escribe:

20 − 4 = 16

16 pies de cerca de cada lado corto

16 + 16 = 32

32 pies de cerca por ambos lados cortos

24 + 24 = 48

48 pies de cerca por ambos lados largos

2 × 4 = 8

8 pies de entradas

Danny comparte sus notas.

32 + 48 = 80
80 pies de cerca

80 + 8 = 88
88 pies alrededor de la orilla del jardín

La señorita Roberts revisa el dibujo del jardín que hicieron los estudiantes.

"Buen trabajo", dice la señorita Roberts. "La distancia alrededor del jardín es de 88 pies. Sus notas son correctas. Están completas. Tenemos la información que necesitamos. Podemos planear la cerca".

"Tenemos que comprar suficiente madera para hacer una cerca de 80 pies de largo", dice Hannah. "Esto no incluye las entradas".

Los estudiantes buscarán la madera que necesitan entre las pilas de una tienda de artículos para el hogar.

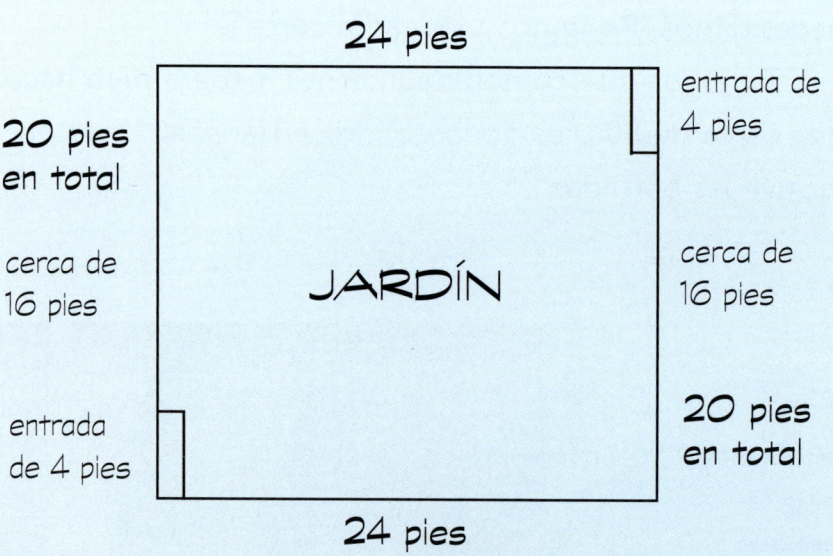

88 pies alrededor de la orilla

24 pies

entrada de 4 pies

20 pies en total

cerca de 16 pies

JARDÍN

cerca de 16 pies

entrada de 4 pies

20 pies en total

24 pies

"Cada lado largo mide 24 pies", dice la señorita Roberts. "¿Cuántas **secciones** de 8 pies necesitamos para cada lado largo?"

Hannah escribe:

24 ÷ 8 = 3

3 rieles en un lado largo

"No tendremos que cortar el riel", responde. "Necesitamos 3 rieles para cada lado largo".

"Las secciones de la cerca en los lados cortos son de 16 pies de largo", dice Steve. "16 dividido entre 8 es igual a 2. Necesitamos 2 rieles para cada lado corto. Tampoco los tendremos que cortar".

Capítulo 3

¡Todo en un poste!

Hong mira de nuevo el catálogo de fotografías. "¡Olvidamos algo!", dice. "¡Necesitamos rieles en la parte de arriba de la cerca! ¡También en la parte de abajo!"

La señorita Roberts sonríe. "Es correcto. Necesitamos el doble de rieles". "Ya sabemos cuántos rieles necesitamos. ¿Cuántos postes?", dice.

"Necesitamos un poste cada 4 pies", dice la señorita Roberts. "¿Cuántos postes necesitamos para un lado de 24 pies?"

Hannah hace una lista.

$10 \times 2 = 20$

20 rieles en total

Los estudiantes calculan cuántos rieles y postes necesitan para la cerca del jardín.

Danny escribe en su cuaderno.

24 ÷ 4 = 6

"Necesitamos 6 postes para cada lado largo", dice. Hannah también escribe en su cuaderno.

20 ÷ 4 = 5

"Necesitamos 5 postes para cada lado corto", dice. Luego Hannah escribe un enunciado numérico.

6 + 6 + 5 + 5 = 22

22 postes en total

"Necesitamos 22 postes en total".

24 ÷ 4 = 6

20 ÷ 4 = 5

6 + 6 + 5 + 5 = 22

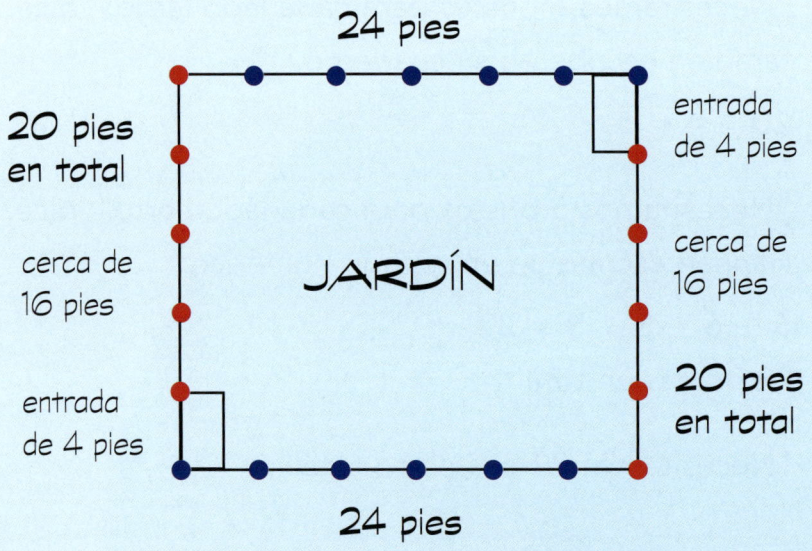

"Hay que colorear los postes en nuestro dibujo", dice Danny. "Los postes en el lado corto pueden ser rojos. Los postes en el lado largo pueden ser azules".

"¡Conté 6 postes en los lados largos!", dice Hong.

"Yo conté 5 postes en los lados cortos", dice Steven.

Hannah dice: "Contemos la cantidad total de postes".

Hay 22 postes. La cantidad es correcta. Cada lado comparte un poste de esquina con su vecino.

Los estudiantes calculan la cantidad de tablillas que necesitan. La señorita Roberts dice: "Necesitamos 16 tablillas para una sección de 8 pies".

Danny escribe:

$16 \div 8 = 2$

Danny resume toda la información para la clase.

20 rieles
20 postes
160 tablillas
2 entradas de 4 pies

Él dice: "Eso quiere decir que dos tablillas cubren un pie".

"Ahora podemos calcular la cantidad de tablillas que necesitamos", dice Hannah. Escribe:

80 pies de cerca

2 tablillas por pie

80 + 80 = 160

"Necesitamos 160 tablillas", dice.

Ahora ya están listos para comprar la madera. Ya tienen clavos, tornillos y herramientas.

Capítulo 4

Tiempo de cosechar

Ya pasaron algunos meses. La cerca del jardín está terminada. La hicieron bien. Los estudiantes planearon. Midieron. Compraron madera. Construyeron la cerca. Están orgullosos de su trabajo.

El club de jardinería siembra su jardín de vegetales. Desyerban el jardín. Riegan las plantas. También hacen un espantapájaros. La cerca evita que entren animales al jardín. Las plantas crecen bien.

Por fin es tiempo de la **cosecha**. Es hora de recoger los vegetales. ¡Este año hay una cosecha muy grande! Todos están contentos.

La escuela tiene un festival cada año. Celebran la cosecha. Hay comida y juegos. Los estudiantes sirven los vegetales que crecieron en el jardín.

El director Stevens dice: "Ésta es la mejor cosecha de todas". ¡La señorita Roberts está orgullosa del club de jardinería!

El club de jardinería muestra los vegetales que crecieron en su jardín.

¿Qué aprendiste?

① 27 estudiantes limpian el parque. Hay 9 estudiantes en cada grupo. ¿Cuántos grupos de estudiantes están limpiando?

② Seis niñas compran 18 pedazos de dulces. Si cada niña compra el mismo número de pedazos, ¿cuántos pedazos tuvo cada niña?

③ La clase de matemáticas de la señora Clark es de 33 estudiantes. La señora Clark tiene que dividir la clase en 4 grupos. ¿Puede cada grupo tener el mismo número de estudiantes?

Glosario

cosecha: conjunto de frutos maduros que se recogen

dividir: el proceso de separar algo en grupos iguales. La división es lo opuesto de la multiplicación.

madera: madero que se corta or parte en tablas o tablones

poste: una pieza de madera clavada en la tierra que da soporte

riel: una pieza de madera, unida en paralelo a la tierra entre postes, que soporta tablillas

sección: una de varias partes de un todo

tablilla: una pieza delgada de madera usada para cercas

Índice

cinta de medir 7

división (÷) 13, 15, 18

madera 5, 6, 11, 19, 20

pies 5, 7, 8, 9, 10, 11, 12, 13, 14, 16, 18, 19

poste 6, 14, 15, 17

riel 6, 13, 14

sección 13, 18

tablilla 6, 18, 19

Nota acerca de la autora

Linda Bussell ha escrito y diseñado libros, materias educativas suplementarias y programas de software para niños y jóvenes. Ella vive con su familia en San Diego, California.